AF252474

DE LA NÉCESSITÉ

D'ABANDONNER ALGER ;

Adressé aux deux Chambres législatives

PAR N.-L. PLANAT DE LA FAYE,

ANCIEN OFFICIER D'ORDONNANCE DE L'EMPEREUR.

> J'ay veu de mon temps merveilles en l'indiscrette
> et prodigieuse facilité des peuples à se laisser mener
> et manier la créance et l'espérance où il a pleu et
> servy à leurs chefs : par dessus cent mescomptes les
> uns sur les autres : par dessus les fantosmes et les
> songes.
>
> MONTAIGNE.

PARIS.

IMPRIMERIE DE DEZAUCHE,

FAUBOURG MONTMARTRE, N° 11.

—

1836.

Frappé de l'obscurité qui règne encore sur la question d'Alger , après six années d'occupation , frappé surtout de l'énormité des sacrifices que cette possession impose à la France , et de l'impuissance de nos efforts pour en obtenir un résultat utile, j'ai cherché à démêler la vérité sur un sujet d'aussi grande importance pour le pays. Je viens soumettre aux deux Chambres législatives le résultat de mes recherches et de mes réflexions, dans l'espoir que mon travail ne leur sera pas inutile. Éloigné des services publics depuis 1815 , entièrement étranger aux partis qui divisent la France, n'ayant aucune vue d'ambition ni d'intérêt personnel, je ne suis tenu à aucun de ces ménagements , à aucune de ces réticences qui se font remarquer dans la discussion de presque tous les objets d'intérêt public. Je n'ai point d'amis politiques à ménager ; je n'ai pas à m'enquérir si mes paroles seront bien ou mal reçues en tel ou tel lieu, encore moins si ce que j'écris peut nuire à ma fortune ou à mon avancement. Il m'a semblé qu'une aussi complète indépendance me donnait quelque avantage pour traiter la question d'Alger , et peut-être pour la bien juger. Ces notes ne sont donc point l'ouvrage d'une coterie ; je les ai écrites seul , sous l'empire d'une profonde conviction et d'un amour sincère pour mon pays. On pourra dire que je suis un homme *en retard*, que ma faible vue ne saurait apercevoir ce que les hommes avancés distinguent si clairement; on pourra dire enfin que je me suis trompé ; mais on ne serait vraiment pas fondé à m'adresser d'autre reproche. Pourtant, il n'est guère probable que je me sois trompé, ayant eu soin d'écarter de mon sujet tout ce qui m'a paru obscur, douteux, hypothétique, pour ne m'attacher qu'aux faits ; m'étant surtout efforcé de prendre pour guide, dans l'examen de cette question , les règles du simple bon sens, qui d'ordinaire ne mènent pas à l'erreur.

DE LA NÉCESSITÉ

D'ABANDONNER ALGER.

Tout ce qui a été dit, écrit et publié depuis cinq ans sur la question d'Alger m'a paru en général plus propre à égarer qu'à éclairer l'opinion publique au sujet de cette importante affaire. Ceux qui pouvaient répandre la lumière semblent l'avoir tenue cachée à dessein ; ils ont laissé pleine carrière à l'esprit de parti et à l'intérêt privé pour dénaturer la question, pour la présenter sous un faux jour, et pour repaître la multitude ignorante, d'espérances chimériques, d'incroyables illusions. Personne à Paris ne s'est levé pour les contredire.

Les Chambres, le gouvernement, la presse quotidienne, malgré les plus grandes divergences d'opinion, semblent s'être donné le mot pour tenir cette question voilée, pour n'y toucher qu'avec d'extrêmes ménagements, et pour éviter toute explication nette et précise sur un sujet qui intéresse pourtant la France au plus haut degré. On ne parle d'Alger que le moins possible, à l'époque de la discussion du budget ; on échange alors quelques observations sans importance, comme s'il s'agissait de peu de chose, et l'on se hâte de voter les fonds, dans la crainte de voir approfondir une question qu'évidemment on ne veut qu'effleurer.

D'où vient cette crainte, cette connivence de tous les partis ? D'où viennent ces réticences et ces ménagements quand il s'agit d'une possession qui ne produit rien à la France, et qui l'oblige néanmoins à employer hors de son territoire vingt-cinq à trente mille hommes et à dépenser 3o à 4c,ooo,ooo par an, selon que le système qui régit cette possession est pacifique ou guerrier?

C'est ce que je me propose de rechercher tout en discutant les raisons qui militent en faveur de la conservation ou de l'abandon d'Alger.

Je pense qu'il convient d'aller tout d'abord au fond de la question principale, celle d'utilité et d'intérêt public. Hâtons-nous donc de reconnaître ces tristes vérités contre lesquelles on se débat vainement depuis cinq ans, et qu'il faut pourtant bien avoir le courage de proclamer : Alger est un funeste présent que nous a fait la restauration. Quelque chose qu'on fasse, Alger sera toujours une plaie et un fardeau pour la France. Il nous est absolument impossible d'établir notre domination dans l'intérieur de la régence d'une manière sûre et permanente; partant point de sécurité pour la colonisation. Enfin, comme point militaire, Alger ne sera jamais d'aucune utilité réelle pour la France.

Tout le monde sait aujourd'hui dans quel but la conquête d'Alger fut entreprise et exécutée par le gouvernement de la restauration. Ce but manqué, et la révolution de juillet accomplie, il eût sans doute été désirable que le gouvernement nouveau pût abandonner sur-le-champ cette fatale conquête qui désormais reste attachée à notre corps politique comme un chancre rongeur. Mais il faut avouer que, dans la première chaleur des esprits, l'opinion publique se serait soulevée à cette pensée. On eût regardé l'abandon d'Alger comme une flétrissure pour notre révolution, comme un triomphe pour le parti vaincu; on aurait accusé le gouvernement de céder aux exigences et aux menaces de l'Angleterre, qui pourtant n'a aucun motif pour nous envier cette conquête; car l'intérêt national, en désaccord cette fois avec *l'honneur national*, n'y trouve rien qui puisse compenser les sacrifices en hommes et en argent qu'elle nous impose. Une côte inhospitalière, de tout temps

redoutée des navigateurs ; point de mouillages sûrs ; point de commerce qui mérite ce nom ; point de produits du sol que nous ne
puissions obtenir ailleurs à meilleur marché ; un climat dévorant
sous l'influence duquel nos troupes sont décimées par les maladies ;
une population fanatique, hostile, guerrière, indomptable, qui
nous harcelle sans cesse, et que nous ne pouvons atteindre, voilà en
peu de mots ce que nous offre la régence d'Alger. C'en est bien assez, ce me semble, pour justifier le ministère qui en eût proposé
l'évacuation immédiatement après la révolution de juillet ; mais,
enfin, un sentiment d'honneur national, qu'il faut toujours respec-
ter lors même qu'il est aveugle, s'opposait alors impérieusement à
l'abandon d'Alger. C'était donc là, il faut bien le constater, le seul
motif réel et bien fondé à alléguer pour la conservation de cette
conquête. Tout le reste est sans consistance et s'évanouit devant
l'examen et la réflexion.

Mais ce que le gouvernement ne put faire immédiatement après
la révolution, il pouvait le tenter sans crainte un an, deux ans plus
tard. Les esprits étaient plus calmes ; les illusions commençaient à
se dissiper, le langage de la raison et de la vérité pouvait se faire
entendre, et il eût sans doute été facile au ministère de faire adop-
ter une mesure aussi évidemment conforme à l'intérêt général. En
proposant l'abandon d'Alger, motivé sur la ruineuse inutilité de
cette possession, il aurait eu l'appui de tous les gens sensés. Pourquoi ne l'a-t-il pas fait ? C'est ce qu'il est difficile d'expliquer.
Certes il n'a manqué en mainte circonstance ni de lumières, ni de
résolution, ni de courage. Témoin l'amnistie, mesure qui pouvait
convenir à sa politique, et qu'il repoussa néanmoins avec énergie
du moment où ses ennemis voulurent la lui imposer. Pourquoi a-
t-il faibli à l'occasion d'Alger ? Pourquoi semble-t-il avoir reculé
devant les déclamations de l'esprit de parti, devant le préjugé populaire qui commençait pourtant à perdre de sa force ? Pourquoi
a-t-il négligé de faire connaître la vérité ? Il n'a pu s'abuser ni par-

tager les illusions de la foule ; et, s'il voyait le mal, pouvait-il ignorer que, plus il tardait à y porter remède, plus le mal s'aggravait ? Ne prévoyait-il pas les embarras où ce retard volontaire devait un jour entraîner la France et son gouvernement ?

Ne pouvant résoudre ces questions d'une manière satisfaisante, on est forcé de reconnaître qu'il y a eu véritablement faiblesse et négligence de la part du ministère dans la question d'Alger.

Pour complaire au faux patriotisme de certaines opinions exagérées, peut-être aussi pour satisfaire quelques ambitions gênantes, il a détourné les yeux du mal, il l'a caché à toute la France, et, par suite de cette déplorable faiblesse, il s'est vu entraîné à faire sur ce point cause commune avec ses ennemis. De là ce merveilleux accord de la presse parisienne pour vanter la possession d'Alger, les avantages de la colonisation, etc. De là cette unanimité des journaux de tous les partis pour accréditer des erreurs et pour entretenir des illusions qu'aucun d'eux ne peut partager. On est péniblement frappé de voir encore aujourd'hui les journaux du gouvernement faire une peinture ridiculement exagérée de l'état florissant de la colonie, comme s'ils avaient pour but de donner une valeur factice aux terrains achetés par spéculation.

Plus tard, le gouvernement essaya de revenir sur ses pas, en envoyant en Afrique une commission d'hommes éclairés, dont le travail a dû mettre au jour les vérités que j'ai établies plus haut. Mais il n'était plus temps ; les intérêts privés avaient grandi, s'étaient multipliés au point de devenir l'intérêt commun d'une partie respectable de la population. Des hommes puissants par leur position sociale ou par l'importance que leur donne un parti nombreux, avaient acquis près d'Alger des propriétés territoriales sur lesquelles ils fondaient l'espoir d'une grande fortune. D'autres avaient suivi cet exemple, et enfin une compagnie se formait à Paris sous le patronage des plus grands propriétaires pour l'exploitation et la vente des terrains en Alger. On a dit à la vérité que ce n'était pas là de la colonisation, mais bien de la spéculation avec toutes ses chances de perte. Je ne sais jusqu'à quel point cette assertion peut être fondée, mais au demeurant ce sont toujours des intérêts créés sur la foi d'une occupation permanente.

Une considération plus sérieuse est celle du commerce de Marseille, qui depuis six ans s'est habitué à trouver dans Alger un assez grand débouché pour divers objets de consommation, sur la vente desquels il réalise des bénéfices considérables. A son intérêt se joint celui des départements voisins qui écoulent par cette voie une partie des produits du sol, et notamment des vins dont les départements méridionaux sont toujours surchargés et embarrassés. Toutefois, l'importance du commerce de Marseille avec Alger a été fort exagérée. Sans le séjour de nos troupes en Afrique, ce commerce serait à peu près nul. Les indigènes n'ont aucun des besoins de notre civilisation; ils les repoussent avec mépris par principe religieux et politique; ils savent très-bien que la vie dure qu'ils mènent, la pauvreté, la sobriété, les privations même, sont les meilleures et les plus fortes garanties de leur indépendance. Ils ne veulent nous acheter que les armes et la poudre dont ils se servent contre nous. Le gouvernement semble craindre en abandonnant Alger d'exciter un grand mécontentement dans une partie de la population, déjà peu affectionnée au gouvernement de juillet et exploitée avec succès par les intrigues légitimistes. Mais cet obstacle créé par des intérêts nouveaux n'aurait pas eu le temps de surgir, si le ministère avait eu le courage d'abandonner Alger il y a quatre ans; et si l'obstacle est grave, c'est une raison pour ne pas le laisser grandir. Le calme et la prospérité dont nous jouissons, l'affermissement des pouvoirs politiques, le respect restitué aux lois, me paraissent des circonstances favorables pour aider à le surmonter; d'ailleurs, l'intérêt de Marseille et de deux ou trois départements ne saurait être mis en balance avec celui de toute la France.

2

On a aussi allégué l'intérêt de l'armée pour motiver la conservation d'Alger. On a dit que c'était une école pour nos troupes, un moyen d'aguerrir nos soldats et d'entretenir l'esprit militaire. Cet argument est plus spécieux que solide, et n'a pas d'ailleurs une importance suffisante pour justifier d'aussi grands sacrifices. Si une longue paix contribue à affaiblir l'esprit militaire, cet inconvénient nous serait commun avec nos voisins et plus particulièrement avec ceux qu'on a coutume de regarder comme nos ennemis naturels. Je crois qu'un moyen plus sûr pour entretenir l'esprit militaire, est de s'occuper constamment de l'armée, de ses besoins, de son instruction, des améliorations que peuvent réclamer son régime et son organisation ; de réunir fréquemment les troupes dans des camps de manœuvres ; d'apporter la plus sévère et la plus scrupuleuse attention à la juste application des lois et des règlements militaires, surtout en ce qui concerne la discipline et l'avancement. Ce qui pourrait tuer l'esprit militaire, serait la négligence que le gouvernement apporterait dans le soin de l'armée ; ce seraient les avancements accordés à l'intrigue et à la faveur, le mauvais choix des officiers, l'absence des chefs de corps obligés de venir à Paris pour obtenir ce qu'ils auraient droit d'attendre sans se déplacer, d'une administration éclairée, active et vigilante ; ce serait enfin le relâchement de la discipline et l'impunité acquise à la désobéissance. L'occupation d'Alger a motivé beaucoup d'avancements extraordinaires, de nombreuses distributions de croix, des mentions honorables dans les bulletins. Il ne faut donc pas s'étonner si tous les officiers, depuis le maréchal-de-camp jusqu'au sous-lieutenant, se montrent en général partisans déclarés de la conservation d'Alger et du système guerrier qui régit maintenant cette possession ; c'est pour eux un moyen d'arriver plus vite. Mais il ne faut pas oublier cependant à quel prix s'obtiennent ces avantages ; il ne faut pas oublier que l'ardeur du climat et les maladies locales y font périr nos soldats par milliers, sans gloire et sans profit pour la France (1).

On a prétendu que l'abandon d'Alger ne produirait qu'une bien faible économie au trésor, attendu que la plus forte dépense consiste dans la solde et l'entretien des troupes, et qu'il est indifférent que cette dépense se fasse à Alger ou en France. Ce raisonnement, tout faux qu'il est, a néanmoins trouvé crédit près de ceux qui n'examinent rien et ne réfléchissent sur rien. Il faut donc bien dire à ces gens-là, que les troupes employées en Afrique sont en dehors des besoins du pays, et qu'en les rappelant en France il est évident qu'on peut réduire d'autant l'effectif ordinaire de l'armée, par conséquent les dépenses du budget de la guerre.

De profonds politiques nous disent à l'oreille que la tranquillité intérieure de la France est attachée à la possession d'Alger, que c'est un aliment offert aux mauvaises passions, aux hommes avides et turbulents, aux esprits ardents et aventureux qui depuis six ans troublent notre repos. Ils appellent cela un *exutoire*. J'avoue que je ne suis pas à la hauteur d'une telle politique, et qu'elle me paraît indigne d'un gouvernement fort et bien avisé. Ce n'est pas en fournissant un aliment aux factions qu'on les détruit. Pour en triompher, il faut les combattre sans relâche, à front découvert, et sans jamais leur rien concéder. Or, suivant les politiques dont j'ai parlé, la conservation d'Alger serait une concession faite à des esprits factieux et remuants. S'il en est ainsi, c'est une grande marque de faiblesse de la part d'un ministère qui s'est montré si énergique en tant d'autres occasions; c'est une faute que nous paierons cher, sans compter ce qu'elle nous coûte déjà. C'est

---

(1) L'inutile occupation de Bougie nous coûte déjà trois mille soldats morts victimes de l'insalubrité du climat et 7,000,000 dépensés en travaux de fortification. (*Opinion du comte d'Erlon sur ce qu'il convient de faire à Alger*, page 8.)

une prime accordée aux hommes avides et turbulents, dont on augmente ainsi le nombre dans une proportion indéfinie. On sait que pour bien des gens l'hostilité au gouvernement n'est qu'un moyen d'arriver à la fortune en se faisant acheter. Mais malheur au gouvernement qui entre dans cette voie, car plus il achètera de suffrages, plus il lui en restera à acheter. Ces appuis mercenaires ne le soutiendront pas dans le péril, et il aura la honte d'avoir corrompu une partie de la nation, en perdant l'estime et la confiance de l'autre. Veut-on faire d'Alger une sorte de Botany-Bay pour tous ceux qui ont horreur de l'ordre et du travail? Une telle expérience me semblerait bien dangereuse. Ces hommes d'émeute et de pillage, ainsi réunis, deviendraient bien plus redoutables qu'ils ne le sont en France, perdus au milieu d'une grande population qui repousse leurs doctrines, et les force à marcher droit. Alger deviendrait alors pour nos troupes une école d'indiscipline et de révolte.

A côté de ces hommes pervers et dégradés, il y a sans doute une jeunesse ardente et brave qui brûle de se signaler par des actions généreuses, par des actes de dévoûment à la patrie. Le sentiment poignant de son inaction pourrait, dit-on, la conduire à de coupables égarements. Soit. Il se peut que l'emploi de cette force juvénile soit devenu une nécessité politique; mais alors qu'on dirige ces précieuses facultés vers des entreprises vraiment glorieuses pour la France, conformes à sa dignité, utiles à sa politique, comme le serait aujourd'hui l'occupation de Candie, comme l'ont été naguère l'occupation d'Ancône et le siège d'Anvers, entrepris et exécutés en face d'une coalition puissante, armée contre la révolution de juillet. Ces rares éclairs de notre puissance sont faits pour électriser une jeunesse aussi intelligente que courageuse, qui comprend parfaitement quels travaux sont dignes de la France. Mais il est douloureux pour les vieux soldats de Napoléon de voir cette brave jeunesse qui vaut tout ce qu'ont valu ses devanciers, user son ardeur guerrière contre des Bédouins, en de sottes escarmouches, dont les pompeux récits nous rendent la risée de l'Europe militaire. Non, jeunes gens ! ce n'est pas là de la gloire. Tournez les yeux vers le Rhin, vers la Baltique et le Bosphore, c'est là que, pour une cause digne de votre patriotisme, vous combattrez des ennemis dignes de votre courage ; c'est là que la gloire vous attend.

J'ai dit plus haut que, comme point militaire, Alger ne serait jamais d'aucune utilité réelle pour la France, et je ne crains pas à cet égard d'en appeler au jugement des hommes d'état, des généraux de terre et de mer ; à celle même de tout militaire instruit, mais *désintéressé*. Ah ! s'il s'agissait des îles Baléares, de la rade et du port de Mahon, la question serait bien différente. C'est alors qu'on serait excusable d'imposer à la France des sacrifices d'hommes et d'argent ; c'est alors que tout bon patriote pourrait dire : « N'é- « pargnez ni les soldats, ni les millions, car l'objet en vaut la « peine ; car une telle possession est utile, glorieuse, salutaire « pour la France. » Mais Alger ! sans rade, sans port, entourée de populations hostiles ! qu'en ferons-nous en cas de guerre maritime ? Y laissera-t-on une garnison ? mais c'est la vouer à une destruction ou à une captivité certaine dans un laps de temps donné ; c'est sacrifier d'avance une valeur immense en matériel. Y tiendra-t-on une flotte, une escadre ? mais il n'y a point de rade ; les vaisseaux s'y perdent dans le port même, et la côte est si dangereuse que, par certains vents, nos stations navales sont constamment obligées de tenir la haute mer. En supposant même qu'une garnison pût se maintenir à Alger, à quoi servirait-elle ainsi isolée, sans rapports avec la population indigène, sans communication avec la France, et ne pouvant être un point d'appui pour nos forces navales ? Je sais qu'on a parlé de Mers-el-Kebir, le seul point de la côte où l'on puisse former un établissement pour la marine militaire ; mais a-t-on bien songé à ce qu'il faudrait dépenser pour donner quelque importance à cet établissement en cas de guerre? à coup sûr, 5o ou 6o,ooo,ooo ne suffiraient pas (1). Ainsi donc, inutile en temps de paix, Alger serait encore inutile dans le cas d'une guerre maritime; et de plus, en cas de guerre continentale, cette possession deviendrait pour la France un fardeau si insupportable, qu'elle serait à l'instant forcée de s'en débarrasser.

Il me reste à combattre un argument puisé dans les théories de l'avenir et du sentiment humanitaire, comme on parle aujourd'hui. Je ne chercherai point à jeter du ridicule sur ce qu'il y a de noble et d'élevé dans ces idées saint-simoniennes, professées du reste par un petit nombre de personnes; je conviens même qu'il serait glorieux pour la France d'instruire et de civiliser l'Afrique; mais il faut être bien riche de son propre fonds pour commencer et pour soutenir une pareille entreprise. Ce qui distingue particuliè- rement le Français, c'est un sentiment de générosité imprévoyante, irréfléchie, qui le porte d'abord à faire le bien, sans savoir s'il pourra le continuer. Voilà pourquoi nous voyons naître et mourir presque aussitôt tant d'institutions de bienfaisance. Ne nous ruinons donc pas en bienfaits, avant d'avoir assuré notre fortune, c'est-à- dire avant d'avoir rétabli l'équilibre dans nos finances; on peut, je crois, sans encourir le reproche d'égoïsme ou d'étroitesse de vues, souhaiter que nos dépenses ordinaires soient ramenées au niveau des recettes, avant de nous jeter dans des entreprises où tout est douteux excepté ce qu'elles coûtent. Avant de songer à civiliser, à coloniser l'Afrique, commençons par civiliser la France qui en a plus besoin qu'on ne pense; commençons par rendre à l'agriculture

---

(1) Cette évaluation paraîtra sans doute exagérée à ceux qui ne savent pas ce que coûtent les travaux du génie; l'approvisionnement et l'armement des places de guerre, et les approvisionnements de la marine.

ces milliers d'hectares de landes, de marais, de terres incultes, qui,
à la honte de notre siècle, et à la grande surprise de nos voisins,
forment encore la huitième partie du sol français. Que dirait-on
d'un père de famille qui laisserait son champ en friche pour cul-
tiver celui de son voisin ? Que dirait-on de celui qui, en se chargeant
de l'éducation des enfants d'autru, inégligerait celle de ses propres
enfants ? Que l'on songe seulement à ce qu'il nous faut encore de
soins, de temps et de dépenses, pour amener chez nous l'instruction
populaire au degré où nous la voyons en Allemagne. Il y a peut-
être plus de lumières en France que partout ailleurs, mais elles y
sont départies à un très-petit nombre d'individus ; la masse est encore ignorante et grossière. Et c'est pourtant dans cette masse qu'il
vous faut prendre les auxiliaires et les instruments de vos projets
de civilisation universelle. Si j'avais besoin d'exemples pour prouver combien nous sommes peu propres à cette mission, je les trou-
verais dans les derniers événements qui se sont passés en Afrique
et notamment à Tlémecen. Je ne veux point retracer des faits qui
malheureusement sont connus de toute l'Europe ; mais en présence
de tels actes, on se demande où est la civilisation, et de quel côté
sont les barbares.

Je n'ai pas parlé des projets de colonisation d'Alger : que pourrais-
je en dire ? je ne les conçois pas ; surtout avec les faibles moyens
dont la France dispose en Afrique. Je ne me fais point d'idée d'une
colonie hérissée de baïonnettes, où le cultivateur tient d'une main
la bêche et de l'autre le sabre ; il me semble qu'ainsi placé on ne
saurait aller ni vite, ni loin. J'ai fort bien compris, il y a trente-
huit ans, ce qu'il y avait de grandes pensées dans la conquête et la
colonisation de l'Egypte, pays admirablement situé, plaine la plus
fertile du monde, habitée par une population inoffensive, à qui il
pouvait être indifférent de vivre sous la domination turque ou sous
la loi française. C'était là un beau champ pour la civilisation ; mais
la régence d'Alger, avec sa côte de fer, ses montagnes, ses gorges

et ses ravins, sa population hostile et ses quatre cent mille bandits
montés, armés et équipés, ne vivant que pour les combats; hommes
sobres, intelligents, infatigables, se trouvant à merveille sous ce
ciel brûlant qui fait périr nos soldats; peuplades indomptables, in-
saisissables, décidées à défendre, jusqu'à la dernière extrémité,
leur indépendance que nous n'avons ni le droit, ni le pouvoir de
leur ravir; en vérité je ne vois là nulle chance de succès pour la
colonisation, à moins qu'on ne veuille employer à l'établissement
de cette nouvelle France la moitié des revenus et des soldats de
l'ancienne, ce qui conviendrait fort aux puissances ennemies ou ri-
vales de la France. Tout cela me semble donc pures chimères et
jeux d'enfants (1).

Je crois en avoir dit assez pour prouver combien il eût été sage
au gouvernement d'abandonner Alger il y a quatre ans. C'était
selon moi une condition essentielle du système du 13 mars, s'il est
vrai que ce système ait eu pour but principal de délivrer la France
de tous ses embarras intérieurs, afin de la rendre d'autant plus
libre et plus forte dans sa politique extérieure. En manquant à
cette condition, le système est resté incomplet et faussé; aux difficultés que le gouvernement a rencontrées dans sa marche, suc-
cèdent aujourd'hui d'autres difficultés qu'un ministère plus ferme

---

(1) M. Henri Fonfrède, ce rude antagoniste de la colonisation d'Alger, a été traité de
mauvais Français, pour avoir écrit sur ce sujet des choses fort sensées, qui n'ont d'autre
défaut que d'être exprimées avec trop d'amertume. On l'a accusé d'être *ultra-Bordelais*
par opposition à l'intérêt de Marseille, et d'encourager *les Arabes dans leur rébellion* !
Tout cela n'est pas répondre. On ne réfute pas un écrivain en l'injuriant, en incrimi-
nant ses intentions. Il s'agit pour le public de savoir s'il a tort ou raison; et s'il a tort,
il faut le lui prouver par de solides arguments, basés sur des faits incontestables. C'est
ce que personne n'a fait jusqu'à présent.

et plus résolu aurait évitées, en tranchant à propos la question
d'Alger, avant que la complication des intérêts privés et collectifs
l'eût amenée au point où nous la voyons aujourd'hui.

Toutefois, si l'abandon de nos possessions du nord de l'Afrique
est devenu beaucoup plus difficile qu'il ne l'était il y a quatre
ans, il ne s'ensuit pas qu'il soit impossible. Il est possible, puisqu'il
est inévitable dans des circonstances données. Sans doute une telle
mesure exige des précautions et ne doit pas être brusquée. Elle
froisse beaucoup d'intérêts particuliers qu'il faut ménager et satisfaire autant que possible. On y parviendrait, je crois, en donnant
cette destination à une faible partie des 30,000,000 que la
France dépense tous les ans à Alger. Le reste de cette somme,
appliqué aux routes, aux desséchements, à *la colonisation* des
parties incultes de la France, enfin à des encouragements au commerce de Marseille, imposerait bien mieux silence aux esprits
factieux, aux hommes turbulents, que ne le fera jamais la conservation d'Alger. Où trouveraient-ils, en effet, des auxiliaires
pour passer des menaces à la révolte, si les bras de la classe pauvre
et laborieuse étaient partout occupés à d'utiles travaux destinés à
augmenter la richesse nationale ? L'initiative que prendrait le gouvernement dans ces travaux encouragerait les grandes entreprises
agricoles qui ne demandent qu'à naître. Il est permis de croire
que les émeutes eussent été moins fréquentes si l'on avait dépensé
de la sorte, ou d'une manière analogue, les 180,000,000
que nous avons enfouis à Alger. Il est permis de croire que
les puissances du nord seraient moins audacieuses si nous étions
plus libres dans nos mouvements. Au milieu des injures que
la Russie nous envoie par les journaux censurés de l'Allemagne,
s'élève-t-il une plainte, une protestation contre l'occupation d'Alger ? Non certes ; on s'en garderait bien, car cette occupation est
un principe de ruine, car elle épuise et paralyse nos forces. C'est
ce que nos ennemis savent bien mieux que nous. Aussi voyez leur

maligne joie à l'aspect de ce mal qui nous tourmente et que par
fausse honte nous nous efforçons vainement de dissimuler. Essayez,
au lieu d'Alger, d'occuper Candie ou Négrepont, et vous verrez
alors leur lourd et dédaigneux persiflage se changer en cris de
fureur ; vous entendrez alors leurs éternelles déclamations contre
notre arrogance, notre insatiable ambition, notre esprit domina-
teur. A ce signe vous reconnaîtrez que vous avez fait une chose
vraiment utile pour le pays. Qui peut dire quels pas pourrait faire
aujourd'hui notre politique extérieure, si la France ne traînait
encore au pied le boulet d'Alger ?

P. S. L'honneur national me semble maintenant tout-à-fait hors
de cause dans la question d'Alger. Six ans d'une possession incon-
testée ont prouvé à l'Europe que nous pouvions garder cette conquête tant que cela conviendrait à nos intérêts et à notre politique.
S'il est démontré aujourd'hui que cette possession est pour nous aussi
ruineuse qu'inutile, le sentiment qui en exigerait la conservation
ne serait donc plus qu'un entêtement puéril et déraisonnable.